Género Ficción realista

I0902709

Pregunta esencial
¿Cómo inspiran los animales a los escritores?

El engaño

Paul Mason
ilustrado por Carlos Aón

Capítulo 1

De campamento

El líder explorador llamó a cada tienda de campaña con el nombre de una cueva animal. Luego pidió a los exploradores que se instalaran en ellas. Los niños agarraron sus mochilas y corrieron a buscar las tiendas en el campamento.

Carlos y su amigo Felipe encontraron rápidamente la tienda llamada “Guarida del Tigre”.

—Esta es mía —dijo Carlos tirándose en una de las camas.

Felipe dirigió la mirada hacia el bosque que rodeaba el campo como un muro de árboles.

—Espero que el bosque esté lleno de insectos. Necesito encontrar algunas especies más para completar mi estudio sobre los insectos.

—Es bueno mirar la naturaleza —dijo Carlos—. Pero si no puedes lanzar nada allí, avanzar con el balón o anotar puntos en ella, no existe la más remota posibilidad de que me interese.

—Bueno, esta tarde iremos de excursión por un camino a través del bosque. Tal vez cambies de idea —le dijo Felipe riendo entre dientes.

Carlos se encogió de hombros y guardó sus cosas.

—No puedo esperar a estar en la competencia de tiro con arco —dijo.

AHORA COMPRUEBA

¿Cómo se siente Felipe cuando está en el bosque?

Capítulo 2

Tiro al blanco

Carlos sacó otra flecha de su aljaba. Encajó el surco posterior de la flecha en la cuerda. Luego, levantó el arco, jaló la cuerda y apuntó al blanco que estaba al otro lado del campamento.

Sus brazos temblaron cuando dejó volar la flecha. Esta cortó el aire como un rayo, retumbó cerca al blanco y golpeó casi en el centro del anillo amarillo.

"No está mal", pensó Carlos.

Casi alcanza los puntos que necesitaba para batir su propio récord. Estaba seguro de que con la última flecha sí lo lograría.

Carlos haló la cuerda hacia atrás y apuntó al blanco de nuevo.

—Está bien, terminen el tiro en el que están. Luego tomaremos un descanso para almorzar —dijo el instructor.

Carlos disparó. Nuevamente, la flecha dio cerca del blanco con un golpe sordo. Carlos miró con cuidado hacia el punto donde pegó su flecha. Esta vez, se enterró cerca del borde del anillo negro. Eso no era muy bueno.

Carlos frunció el ceño. El instructor lo había distraído. Justo cuando la estaba pasando bien, tomaban un descanso. Y después emprenderían una caminata por la naturaleza.

AHORA COMPRUEBA

¿Por qué Carlos no quería hacer una caminata en medio de la naturaleza?

—¿Por qué no podemos simplemente hacer deporte todo el día? ¿O tocar la pandereta? ¿Por qué tenemos que hacer una caminata? —refunfuñó Carlos.

—Vamos, Carlos. Será divertido. ¡Tal vez veamos un oso! —exclamó Felipe.

Carlos aún se sentía gruñón.

Capítulo 3

Un grito en el valle

Después del almuerzo, los Tigres emprendieron su caminata. Los otros niños entraron en el bosque, pero Carlos arrastraba los pies y se quedaba atrás, al final de la fila. Podía ver a Felipe y al líder charlando a la cabeza de la marcha.

El grupo siguió el sendero, hasta dejar atrás el bosque. Bajaron cuidadosamente a un remoto valle cubierto de hierba y maleza. Carlos caminaba lentamente entre las frágiles ramitas. Los demás, a buen paso, se alejaban, cada vez más.

En ese momento, Carlos oyó algo que lo obligó a detenerse. Era un grito agudo, tan agudo como un silbido. Sonaba como si alguien se quejara. El valle estuvo en silencio por un instante. Luego se escuchó el grito de nuevo.

Carlos miró fijamente hacia la hierba a lo largo del camino. Al principio, no pudo ver lo que producía el sonido. Luego, observó que algo se movía.

Detective del lenguaje ¿Cuál es el complemento circunstancial en la oración subrayada?

Un ave pequeña y marrón aleteaba en el suelo, al lado del camino. Gorjeaba muy fuerte. Carlos pudo ver que una de sus alas estaba estirada.

“Parece que su ala está rota”, pensó.

Carlos permaneció quieto. Observaba al ave con fascinación. Tenía un manchón de color marrón, el pecho blanco y anillos negros alrededor del cuello.

Carlos siguió al ave mientras esta se arrastraba por el suelo.

—Oye, pajarito, ¿qué te pasa? —dijo suavemente.

“Si pudiera agarrarla y llevarla al campamento, tal vez alguien podría curar su ala”, pensó.

AHORA COMPRUEBA

¿Qué pasó cuando Carlos se quedó atrás durante la caminata en medio de la naturaleza?

Capítulo 4

El chorlo gritón

Los pasos y gritos anunciaron el retorno de los otros Tigres. Habían dado media vuelta para buscar a Carlos.

—Regla número uno, Carlos. Siempre debes permanecer con el grupo —le dijo con dureza el líder explorador.

Luego, miró hacia donde Carlos señalaba.

—Ah, parece que encontraste un chorlo gritón —le dijo.

—¿Chorlo gritón? ¿Se llama así por el grito que produce? —preguntó Carlos señalando al ave.

El líder explorador sonrió:

—No. El nombre chorlo gritón es descriptivo. Significa que esta ave produce un grito que se parece a su nombre. Sin embargo, en este momento, está haciendo algo totalmente diferente.

Los exploradores se reunieron alrededor del pájaro para observarlo. El chorlo gritón gritó de nuevo y comenzó a dar vueltas en círculos, como un trompo. Ahora aleteaba con las dos alas.

—Está lastimado —dijo Carlos.

—No le pasa nada malo —dijo el líder explorador—. Sólo quiere que pienses exactamente eso.

—¿Por qué haría eso? —preguntó Carlos sorprendido.

—Tú eres un explorador, entiéndelo tú mismo —lo desafió el líder.

—Vamos, Tigres, vámonos. Y esta vez no te quedes atrás, Carlos —dijo.

Carlos dirigió una última mirada a la pequeña ave. No sabía que los pájaros podían llegar a fingir. Tal vez había mucho más en la naturaleza de lo que él pensaba.

Detective del lenguaje	**Busca un complemento circunstancial en esta página.**

De vuelta en el campamento, Carlos encontró un libro sobre la flora y la fauna locales. Comenzó a hojearlo.

—Pensé que no te interesaba la naturaleza —le dijo Felipe.

—Sí, bueno, este pájaro es interesante. Fíjate en esto —dijo Carlos, y empezó a leer:

"El chorlo gritón es famoso por fingir que tiene un ala herida. Hace esto para alejar a los predadores de sus crías".

—Entonces, ¿un pájaro te engañó para que lo siguieras? —preguntó Felipe.

—Eso creo —dijo Carlos—. Debí estar muy cerca de su nido y en ese momento el pájaro comenzó a actuar como una presa fácil para alejarme de sus hijitos. ¡Vaya! ¡Eso es creativo! Carlos sacó su bitácora y comenzó a tomar notas.

—¿Estás escribiendo sobre la naturaleza? Ahora sí que lo he visto todo —bromeó Felipe.

Carlos se rio.

—Es para recuperar el tiempo. ¡He decidido trabajar por la medalla al estudio de aves! —exclamó emocionado.

AHORA COMPRUEBA

¿Por qué Carlos cambió su forma de pensar acerca de la naturaleza?

Respuesta a la lectura

Resumir

Usa detalles importantes de *El engaño* para resumir el relato. Usa el organizador gráfico como ayuda.

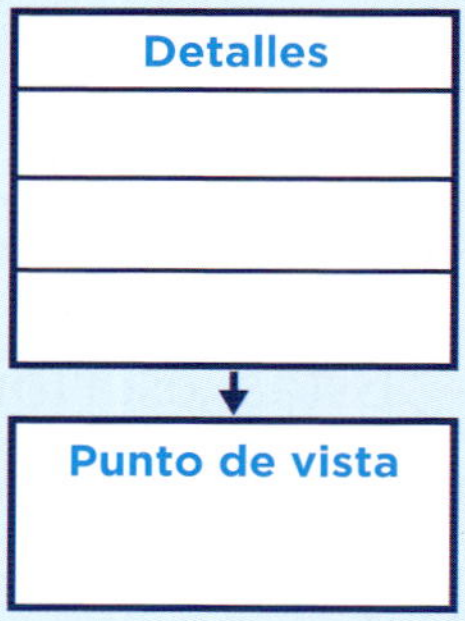

Evidencia en el texto

1. ¿Cómo sabes que *El engaño* es ficción realista? **GÉNERO**

2. ¿Este relato está contado por un narrador en primera o en tercera persona? Usa detalles del texto que te permitan identificar el punto de vista del autor. **PUNTO DE VISTA**

3. ¿Qué significa la expresión "como un rayo" en la página 4? **LENGUAJE FIGURADO**

4. Escribe acerca de cómo la descripción de la caminata en la naturaleza cambiaría si fuera escrita desde un punto de vista diferente. **ESCRIBIR SOBRE LA LECTURA**

Género Poesía

Compara los textos

Lee algunas poesías inspiradas en animales.

La canción del sapo y la luna

Alexis Romay
(escritor cubano)

El sapo canta a la luna,
y la luna, que está llena,
y que es noble, grande y buena,
baja a verlo a la laguna.

Illustration: Fernando Molinari

Cantan y ríen a coro,

sapo y luna, luna y sapo.

Van cantando a todo trapo,

y ese canto es su tesoro.

Illustration: Fernando Molinari

La noche se ha iluminado
mientras los amigos cantan
y las tristezas espantan
con ese canto inspirado.

Abeja

Eduardo Bustos Valenzuela
(autor mexicano)

Amante siempre melosa,
obrera y afanadora,
reina que todo atesora,
cuya muerte nadie goza,
danzando vuela dichosa,
sin coreógrafo de ambiente,
su destino es permanente,
por una apícola industria,
y hacer cera no le angustia,
con buen polen de ingrediente.

Illustration: Fernando Molinari. Text: Por un mejor conocimiento de nuestra diversidad biológica.

CHAPULÍN

Eduardo Bustos Valenzuela (autor mexicano)

Por más peligros que afronte
para saciar su gran hambre,
va saltando sin calambres
recorriendo su horizonte.
Chapulín o saltamontes
es ya todo un personaje,
que muerde y muerde el follaje,
y a pocos, temor infunde,
pues con hierbas se confunde
y de noche envía mensajes.

Illustration: Fernando Molinari. Text: Por un mejor conocimiento de nuestra diversidad biológica.

Mapaches

Eduardo Bustos Valenzuela
(autor mexicano)

De visita por un charco,
los mapaches se bañaron,
sus patitas se lavaron,
nada más les faltó el talco,
cual sentaditos en palco,
vieron entre las hierbitas,
que una pobre viborita,
se arrastraba "con trabajo",
para seguir el atajo,
que la lleva a su casita.

Illustration: Fernando Molinari. Text: Por un mejor conocimiento de nuestra diversidad biológica.

Haz conexiones

¿Cómo inspiran los animales al autor de "La canción del sapo y la luna"? **PREGUNTA ESENCIAL**

¿Cómo inspira el chorlito gritón al autor de *El engaño*? **EL TEXTO Y OTROS TEXTOS**

Enfoque: Género

Poesía Con frecuencia, la poesía emplea lenguaje figurado, como símiles y metáforas, para describir algo. En las poesías infantiles también es frecuente el uso de la personificación.

Lee y descubre Las poesías de las lecturas complementarias están inspiradas en animales. Los escritores emplean la personificación para describirlos. Vuelve a leer las poesías. Encuentra ejemplos de personificación.

Tu turno

Con un compañero o una compañera, escojan una fotografía o ilustración del animal que les guste. Escriban un poema sobre ese animal. No olviden emplear personificaciones para describirlo. Procuren que las últimas sílabas de cada verso rimen entre sí.